U0580689

每天10分钟，
从CEO视角学管理

破浪须知行船事

不知空得逆水回

[泰]丹荣·皮昆　著

万雅颂　译

中国科学技术出版社

·北　京·

思维模式

领导者是一个企业中最重要的组成部分，是其他部分的起始点。不论下一步棋落在何处，都是领导者深思熟虑的结果。如果一个国家的领导者头脑足够聪明敏捷，这个国家的发展就像坐火车前往目的地一样。路途中，火车会在一些站点停留，以确保该列车是否在朝着正确的目的地前进。

绝大多数小企业缺乏系统或全面的思维模式，它们的思维模式总是分散的。如果想要掌握战略性思维模式，就必须先从学习系统思维模式入手。

通过阅读本书，企业的CEO（首席执行官）们可以了解到一些有关不同思维阶段的概念。这些概念以图片和信息图表的形式直观呈现出来，更便于读者理解。

目　录

竞争 105

价值创造 129

品牌战略   151

战略性思维   159

企业

愿景 ···· 任务

资源 ···· 财务计划

寡头垄断 ···· 纯粹竞争

1 愿景

概念

愿景就是设想、描绘未来。

要点

1）首先使用SWOT分析法。

S（strengths）即优势，此处指企业的强项和优点。

W（weaknesses）即劣势，此处指企业的弱点或可能会出问题的环节。

O（opportunities）即机会，此处指企业外部的有利因素。

T（threats）即威胁，此处指企业面临的阻碍。

2）认识自身的优势和劣势，分析目前的机会和威胁，是描绘公司愿景的指导方针。

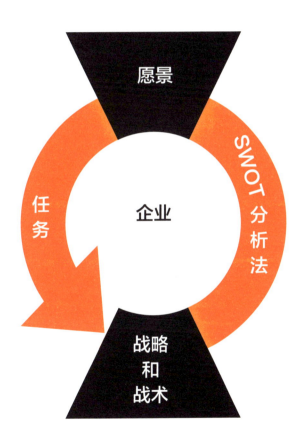

描绘未来

1）愿景是制定企业战略的指导方针。

2）愿景是企业内所有任务进程的起点。

3）什么样的愿景才算得上优秀？它可以让该企业完全
   将目标实现时间掌控在自己手中，可以早一点实
   现，也可以晚一点实现目标。

设想愿景需要有长远的目光，它可以让我们看到企业的未来。

　　企业的愿景主要由企业领导者制定，如目光长远的董事
和高管。然而，也有些愿景是员工合作的成果，因为这些员
工同样可以展望公司的未来。

愿景

＝

未来

愿景

很多企业描绘了错误的愿景，这些愿景有的太长，有的太短，有的太复杂，因此企业无法取得进步。制定愿景就像是旅行，糟糕的开端会影响整个旅途。不论企业大小，要想做事不出错，就要先找准前进的道路，并仔细地沿路前行。如果某企业的愿景既美好又坚定，就会给顾客留下深刻印象，从而开拓一条与顾客沟通的新途径。

以一个愿景为例：本医院誓要成为马来西亚最好的医院。其实，成为"最好的医院"这个目标不甚明确，应该指出具体要在哪一领域成为"最好的"。例如，"马来西亚最好的心脏病治疗医院"。

此类愿景更清晰，也能让医院的员工对本医院有更清楚的了解，从而有助于该医院按照领导者制订的目标前进。

另一个例子，ABX（比利时亨利物流公司）的愿景则是：**本公司誓要成为客户价值的领导者。**这个愿景在某种程度上足够明确，因为它不仅容易理解，还直接点明了ABX的奋斗目标。但美中不足的是，这一愿景的具体内容不明确。ABX所指的"价值"究竟是什么？客户又能获得什么样的价值呢？对此，ABX公司的员工和客户可能都一头雾水。

2 任务

概念

任务是指为实现愿景而必须达成的小目标。

要点

1）完成任务是实现愿景的必由之路。
2）一个完整的任务应包括确切的目标和目标的完成时间。例如，某医院的目标是"2025年年底前，所有护士都必须学会说英语"，这就是一个需要及时达成的小目标。

而这家医院的主要目标是成为一家具有国际竞争力的医院，这是由其愿景决定的。

愿景

成为国际级的塑料制造商。

第三站

任务3

2015年通过ISO 9000和ISO14000认证。

第二站

任务2

至2014年年底，建成公司内各部门之间的合作机制。

第一站

任务1

至2013年年底，完成各部门所需文件的准备工作。

起始坐标点

任务

=

坐标点

CEO

CEO须知如何建设一家企业。

首先

CEO必须确定企业的目标，明确企业的发展方向。

比如，有些企业是为经商而建，
它们从印度进口食品，然后在泰国销售。

也有一些组织是非营利性的，如受害者组织、慈善组织、为治疗肝炎患者和心脏病病人而建立的医院。

企业的目标越明确，
员工就越容易了解企业的前进方向。

CEO

CEO须知如何制订计划。

旅行需要做日程安排，

战斗需要做作战计划，

做领导者也要有规划。

首先领导者要有良好的思维方式，

如此才能做出好计划。

良好的思维方式即最佳实践。

如果领导者能用战略性思维看待问题，

那么企业就会朝着正确的方向前进。

3 资源

概念

资源是指企业用来生产产品的要素。

要点

1）人员：劳动力。

2）金钱：资本。

3）材料：物质。

4）机器：设备。

以上四个要素是制造企业的主要资源和基础。制造企业的CEO在做任何投资之前，首先要考虑这四个要素。

人员

金钱

材料

机器

资源

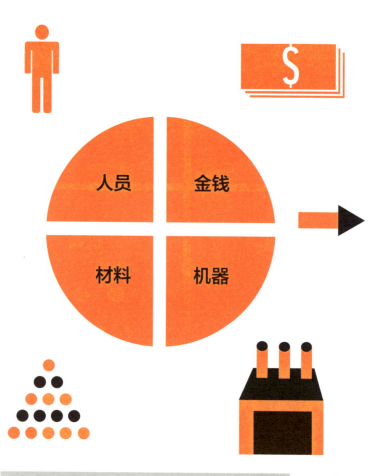

人员　金钱

材料　机器

这四个要素就是经营一家企业所需的主要资源

　每天10分钟，从CEO视角学管理

产品

成品及待售商品

企业

CEO

资源管理

（1）人力资源

CEO要做到知人善任。但是，评价人们的表现往往要比核算机器的工作效率难得多。已知某机器每小时生产的产品数量，比如每小时800件，就能计算出该机器的产能。但这个计算方法并不适用于人类，产能这一标准也不足以用来衡量人类的工作。这是因为，人类的工作是具有创造性的，比如，人们可以搭建计算机系统，人类拥有机器所没有的创造力。人类渴望被赞美，也希望自己的付出有所回报，但机器没有这方面的需求。

CEO

CEO要知道如何才能

激发员工的工作热情。

有些人的工作效率高于要求，而有些人的却低于要求。

有些人的能力远胜其位，也有些人的能力远低于预期。

CEO的主要职责就是

让每一位员工都适得其所。

有时失败并不是因为计划不周，

而是因为用人不当。

CEO

（2）创业资金（即资本）

此外，CEO还必须具备一项能力，那就是为企业的运转筹集资本。

有了钱，就能雇用员工、购买机器和原材料、做市场营销，而这些正是企业运营必不可少的要素。没钱就无生意可言。

（3）物质(原材料)

原材料是生产环节中的重要要素。钢铁是汽车生产的原材料，数据是新闻的素材，面粉是烘焙的原料。管理材料的关键是：合理用料，不留余料。

CEO

（4）机器也是一种资源

有些机器生产的产品产量高，但有些就比较低。购买机器本就是为了提高效率，所以必须确保物尽其用，充分利用机器的功能。

"机器"的范围不仅限于生产水瓶的机器或剪纸机，办公室的电脑也算是其中的一种。

然而，有些人购买了最贵最好、搭载着最先进处理器的电脑，却几乎不怎么用它。某件物品在使用中实现的价值远低于它的价格，这种现象被称为"过度投资"。

4 企业的生命周期

概念

企业的生命周期分为初始期、成长期、成熟期、衰退期。

要点

1）在初始期，新企业刚刚成立或新产品刚刚推出，此时的客户数量和营业额都较少。

2）在成长期，品牌开始逐渐受到认可，此时的营业额和利润呈持续增长趋势。

3）在成熟期，企业一般都会停滞不前，规模不再扩张。此时，企业的市场份额和利润增长幅度是最大的，但市场份额很快就出现下降趋势。

4）在衰退期，企业开始走下坡路。CEO此时需要推陈出新，用新产品或新业务来挽救局势。否则，当营业额低至谷底时，企业就要宣布倒闭了。

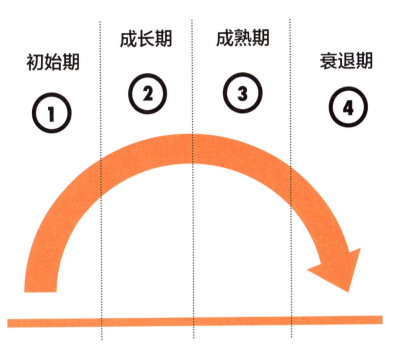

初始期	成长期	成熟期	衰退期
①	②	③	④
初创企业就像一个新生儿，它要先学会走路，然后才能学会跑步。一开始，人们对它的期望值一般都很高。	企业的认可度越来越高，产品就有了销路。但此时，市场上可能会出现一批新的竞争对手，他们的出价更低。	这是企业如日中天的时候，也是企业猛赚利润的时候。有些企业要花很久才能达到这个阶段。	此时企业业务已达到饱和点。一些企业必须推陈出新，用新产品取代旧产品，或者转向其他业务领域。

5 垄断

概念

垄断是指市场上只有一个卖家，其余卖家不占任何市场份额。

要点

1）市场上只有一家巨头生产商。

2）产品价格不论高低，完全由这家生产商操控，或者由政府操控。

3）这类产品通常仅此一家能生产，别人模仿不来。这要么是因为政府授予了该企业生产特权，要么就是因为生产该产品需要最顶尖的技术。

4）政府为了掌控市场会控制大多数垄断型企业，如电力公司、自来水公司、广播电视业和卫星制造业。

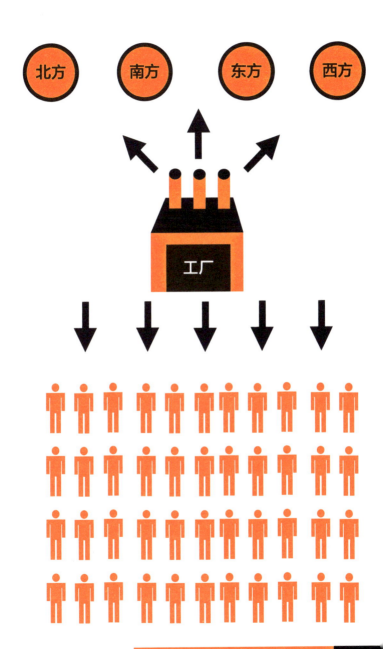

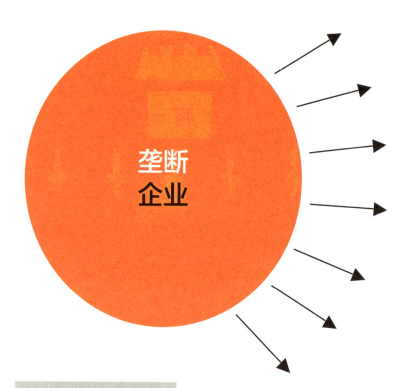

垄断

垄断企业

垄断卖方

垄断型产业的产品销往所有市场。

覆盖

市场内

每一个

部分

和

每一位

消费者

6 寡头垄断

概念

寡头垄断是指少数卖方（寡头）控制全国市场。

要点

1）政府掌控着特许权。

2）借资本之力将新投资者排挤出市场。

3）利用高科技阻碍新生产商加入。

4）控制分销渠道，阻止新卖家分羹。

5）阻挠有能力生产产品的新卖家。

顾客

寡头垄断

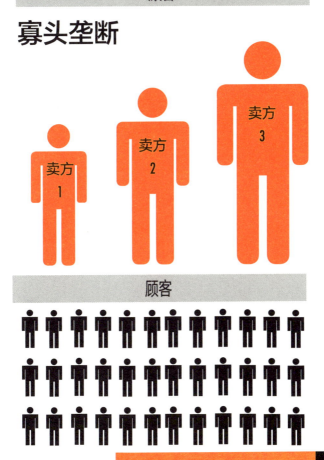

卖方
1

卖方
2

卖方
3

顾客

寡头垄断

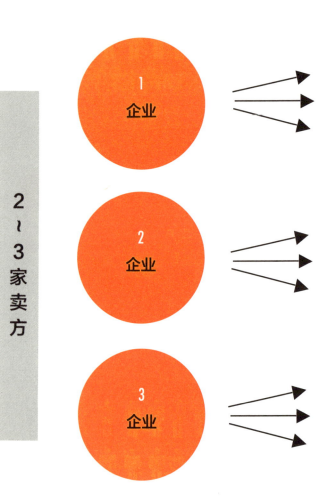

少数卖方（寡头）的产品销往所有市场。

覆盖

市场内

每一个

部分

和

每一位

消费者

7　纯粹竞争

概念

纯粹竞争是指所有生产商都可以自由地进出市场。

要点

在一个由完全竞争主导的市场中，买家和卖家的数量都很庞大。唐人街（China Town）中有许多不同类型的餐厅，就是一个典型例子。

一个小摊上的汤面售价为每碗2美元，而另一家的售价则为3.5美元。旁边有一个卖鱼肚的小摊，每份鱼肚售价5美元。在便利店外还有一个卖燕窝汤的小摊，每碗燕窝汤售价10美元。另外，还有一个以每罐25美元的价格售卖鱼翅汤的小摊。这就是完全竞争，智者取胜，他者皆是输家。

顾客

1 卖家　2 卖家　3 卖家　4 卖家　5 卖家

纯粹竞争

庞大的卖方数量

A 卖家　B 卖家　C 卖家　D 卖家　E 卖家　F 卖家

顾客

纯粹竞争

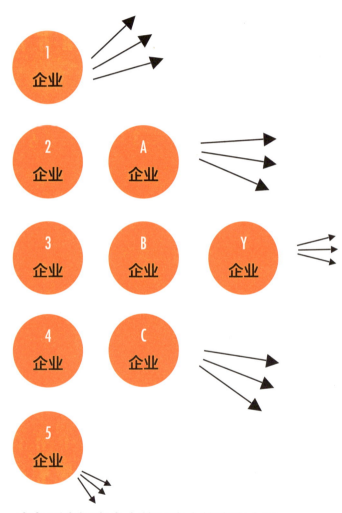

竞争型市场完全由数量庞大的卖方主导。

覆盖

市场内的

每一位

消费者

这意味着被覆盖的消费者数量很多

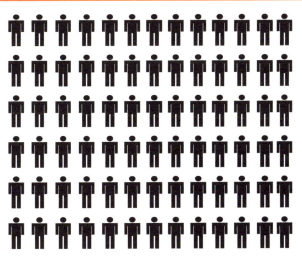

CEO

CEO必须了解**市场的竞争状态**。
比如，作为市场上的唯一卖方，
某垄断企业就会知道这一点，
因为这类企业不仅受政府及其授予的特权控
制，也受资本控制。

若市场中仅有一个卖方，

那么国家拥有每项投资，市场竞争几乎不存
在，比如电力、供水等，其中有些已成为国
有企业。没有了市场竞争，产品价格就完全
由这个唯一卖方操控。

CEO

CEO必须清楚**竞争对手的数量**。

例如，当市场由少数几个卖家主导时，其中某个卖家（即某寡头企业）就能清楚自己有多少竞争对手。这不仅是因为该企业受政府控制、特权控制和投资控制，还因为它具备先进的技术、专业知识和能力。

市场由少数几个卖家主导

英特尔（Intel）是一家微处理器制造商，生产微处理器的技术颇为先进。英特尔还十分注重发展自己的技术，这让其他制造商无法与其匹敌。因此，目前市场上微处理器芯片制造商的数量可谓是少之又少。

CEO

CEO必须做到知己知彼。

市场上之所以存在企业竞争，是因为纯粹竞争中有
庞大数量的卖方参与。

纯粹竞争状态下，

每家企业始终都在尽其所能制造最优质的产品。

优质产品

绝不会无路可销。

劣质产品

将被迅速淘汰。

CEO

在激烈的市场竞争中，每个个体都必须迈步向前。每家公司都必须尽其力生产优质产品，但这些产品的销量究竟孰高孰低，这主要由市场营销决定。

营销成为市场竞争的一部分后，CEO则需进一步了解：

（1）如何做营销。

（2）如何统筹营销。

（3）如何聘请营销专家。

8 财务计划

概念

　　此处所讲的财务计划是指企业为应对紧急情况而制订的财务后备计划。

要点

　　1）首先了解一下什么是常规计划。常规计划中的财务计划和财务预算都相对符合常态。

　　2）若产品销售情况比平时好2～3倍，则可实施乐观财务后备计划。企业在制订计划时需从生产产品、交付产品以及将获利润等方面考量。

　　3）悲观财务后备计划适用于产品滞销或销量较平时降低的情况。制订计划时，企业需找到针对产品滞销等情况的解决方案，并计算可能遭受的损失。

乐观

针对资金充裕情况的计划　　+++

乐观的状况

常规

针对资金正常情况的计划　　+

常规状况

悲观

针对囊中羞涩情况的计划　　—

悲观的状况

企业

财务预测	乐观情况 +++
1）销售额	200,000,000
2）产品成本	–120,000,000
3）办公费用	–6,000,000
4）营销费用	–10,000,000
5）其他费用（15%）（可变成本）	–30,000,000
6）利润/亏损	+34,000,000

常规情况	悲观情况
100,000,000	50,000,000
−60,000,000	−30,000,000
−6,000,000	−6,000,000
−10,000,000	−10,000,000
−15,000,000	−7,500,000
————	————
+9,000,000	−3,500,000
============	============

CEO

CEO必须对财务计划有所了解。

（1）常规计划

针对常规状态而做的财务计划，做到资金充裕即可。如果你想做生意，就必须琢磨着怎样才能盈利；如果你自己都做不到对未来有信心，你最好待在家里。

要想做出适合常规情况的财务计划，首先要重现实际经营中的情况，并确保计划的每个部分都尽可能地接近现实，比如还原现实中的销售成本、产品成本和其他所有开支的情况。在现实生活中做生意，若你失之毫厘，定会一败涂地。

CEO

CEO须知如何因势制订计划。

（2）乐观财务后备计划

产品销售情况好于预期时，
则需乐观财务后备计划来为此助力。

（3）悲观财务后备计划

产品销售情况差于预期时，
则需要悲观财务后备计划来应对。

这是因为企业按计划顺利发展的可能性，
与它偏离计划的可能性是一样的。

大多数人并未准备财务后备计划，
所以当企业的发展偏离了计划时，
往往就会手足无措。

9 生产力

生产力是指人们征服自然、改造自然的能力。在企业经营过程中，企业应充分利用所有资源，尽可能多地生产产品。

要点

制造一种产品的最低要求是不能亏本。

企业愿意在购买设备上一掷千金，肯定非常渴望此举能收获成效。

低生产效率就像是让前锋队员防守球门，反而让守门员冲锋得分。这种利用资源的方式不仅回不了本，收效恐怕也甚是微小。

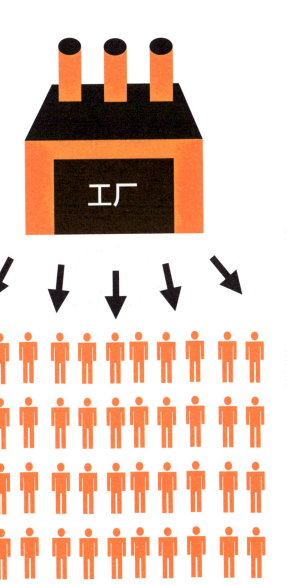

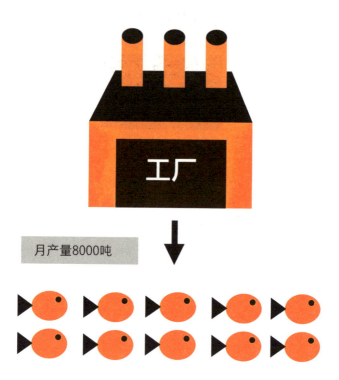

月产量8000吨

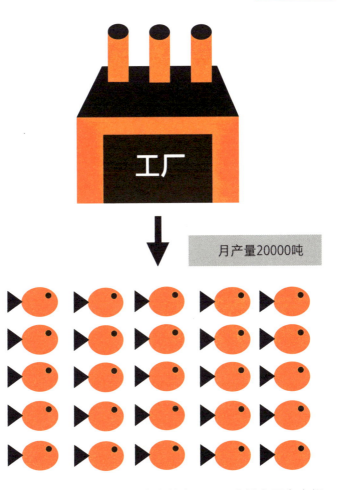

月产量20000吨

　　两个工厂在机器数量、生产能力和员工人数方面完全相同；但由于不同工厂的机器利用率不同，A工厂产品数量比B工厂产品数量少。因此，A工厂需充分挖掘其生产能力，增加销售量。

10 流水线

概念

流水线为提升生产效率而生。

要点

科学管理之父弗雷德里克·温斯洛·泰勒（Frederick Winslow Taylor）曾研究如何才能更有效地安排生产。他指出，可以让工人各司其职，即每人只负责一项工作。

比如，负责筛选橘子的工人只需选出大小合适的橘子；负责清洗橘子的工人只需清洗橘子。同样，包装和标签部门的工人也都各司其职。工人每天重复做同样的工作，逐渐熟能生巧，这样一来，生产量也就自然而然地增加了。当下，这种生产方式已被广泛应用，从汽车制造厂到鱼罐头生产厂，大多数工厂都采用了这种生产方式。

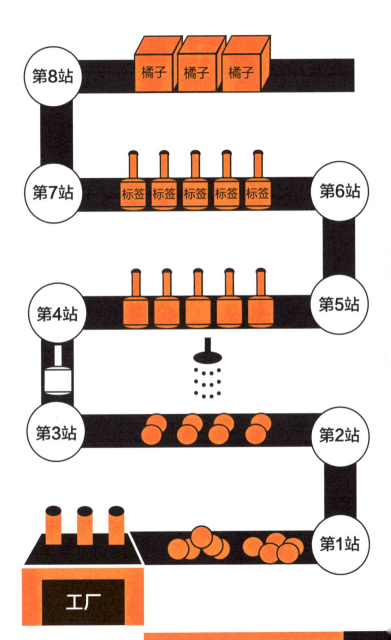

第8站
橘子 橘子 橘子

第7站 标签 标签 标签 标签 标签 第6站

第4站 第5站

第3站 第2站

第1站

工厂

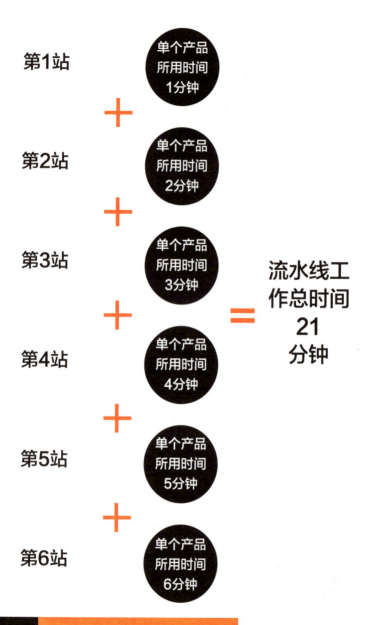

第1站

+

单个产品
所用时间
1分钟

第2站

+

单个产品
所用时间
2分钟

第3站

+

单个产品
所用时间
3分钟

=

流水线工
作总时间
21
分钟

第4站

+

单个产品
所用时间
4分钟

第5站

+

单个产品
所用时间
5分钟

第6站

+

单个产品
所用时间
6分钟

流水线

在现代流水线尚未发展成熟之前，工厂中的每位工人都必须从头至尾参与到生产的每一个环节中。

比如，服装厂的工人既要绘制图案，也要裁剪布料，还要缝制衣服，缀上纽扣和品牌标签。

而在现代工厂中，为了实现工厂较高的生产量，工厂让每位工人专门负责一项工作。

比如：

第1站工人：裁剪。

第2站工人：缝制袖子。

第3站工人：缝制衣服的主体部分。

第4站工人：缝合口袋和所有部件。

第5站工人：缝缀纽扣。

第6站工人：缀上标签。

第7站工人：打包准备发货。

采用这种生产方法，就能缩短生产时间。

11 集权式管理

概念

集权式管理是指企业中的权力集中至最高领导层，并由其掌握的管理方式。

要点

管理下级有很多种方法，其中最常见的就是集权式管理。CEO或企业主即集权系统的领导者和权力中心。

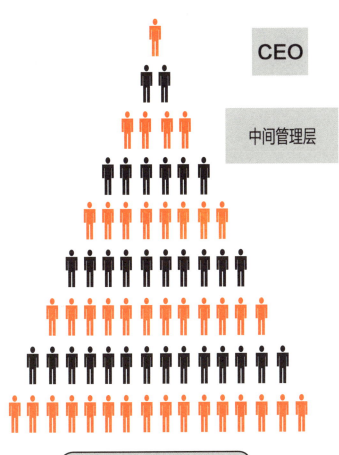

CEO

中间管理层

企业内部职级示意图

集权式管理的优势就是其清晰明了的业务系统。但这种管理方式也有缺点，那就是许多工作流程须经上级许可才能开始，导致工作流程推进得慢。而且企业越大，工作流程进展得越慢。

12 分权式管理

概念

分权式管理是指最高领导层将企业的权力分授给每个单独部门的领导者的管理方式。

要点

分权式管理体系中必须有一些可靠的人代表大部分人做决策。例如，一个大型企业就可以利用这种管理体系推动企业的发展。

分权式管理体系的优势在于企业能迅速推进工作进展，同时让下级产生归属感。

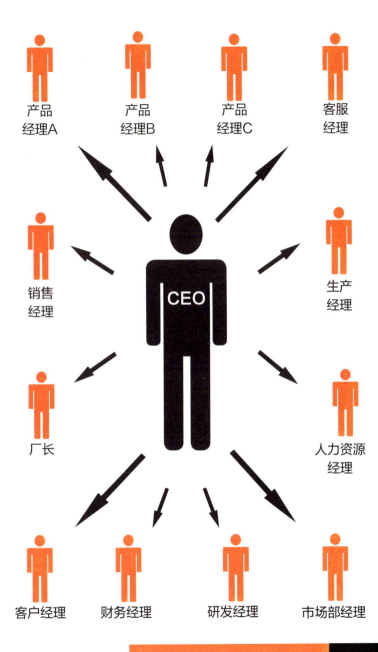

产品
经理A

产品
经理B

产品
经理C

客服
经理

销售
经理

生产
经理

CEO

厂长

人力资源
经理

客户经理　财务经理　研发经理　市场部经理

CEO

CEO须对管理体系有一定的了解。

集权式管理多用于"一切由领导说了算"
的小公司。
这类公司要想走向成功，
员工就必须听从最高领导层的指挥，
不能自作主张、擅做决定。

但若在大企业中实行集权式管理，
就会导致冗滞现象产生。
因为这种管理方式要求每个决定都必须经过
最高领导层批准才能生效，从而会浪费很多
时间。
通常在企业还未做出任何反应之前，
竞争情况就早已是另一番
光景了。

CEO

CEO须知如何管理分权型（或授权型）企业。

若企业采用此种管理模式，

CEO会将权力下分至各部门经理，

让经理们自主做决策。

分权式管理模式多被用于大型公司。

例如，某公司的市场部副总裁负责主管

公司的营销系统，

而他会进一步将自己的权力下分给各部

门经理。

企业

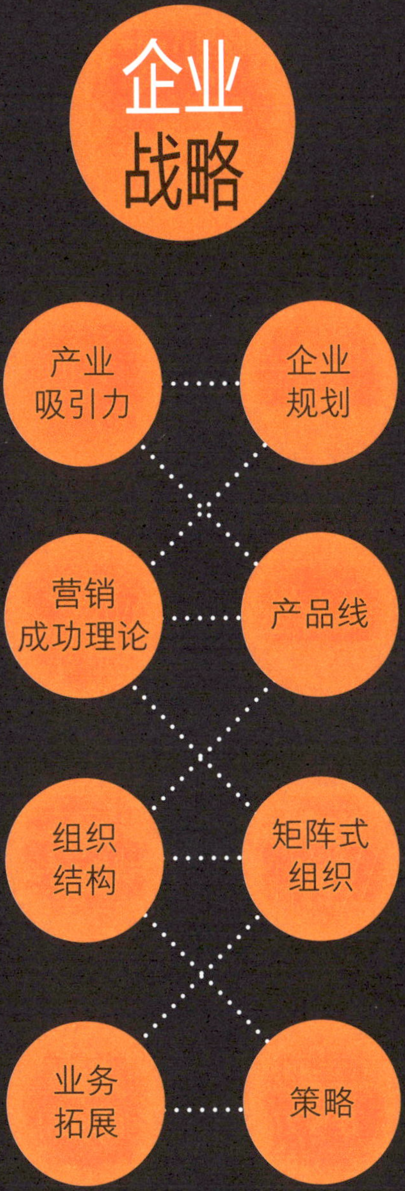
企业战略
产业吸引力
企业规划
营销成功理论
产品线
组织结构
矩阵式组织
业务拓展
策略

13 产业吸引力

概念

产业吸引力是指产业对投资人的吸引力。投资明智，则前途光明。

要点

第一类，"乌龟叔叔"，指那些发展缓慢、利润低下的产业。你若投资这种产业，可能会输得很惨。

第二类，"幼虎"，指那些发展缓慢、利润很高的产业。大多数人对这类产业并不感兴趣，但一旦上手去做，就会赚得高利润。

第三类，"兔女郎"，指发展迅速、利润却微薄的产业。这类产业因外表而广受投资者青睐。但投资者越多，每个人能获得的利润就会越少。

第四类，"性感女郎"，指那些非常吸引人的产业，它们不仅发展速度快，利润还高。

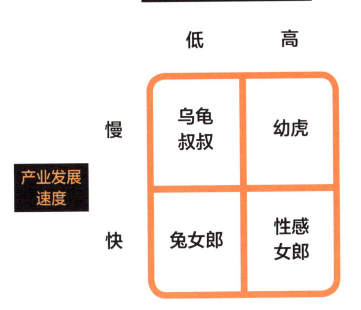

第一类："乌龟叔叔"＝慢发展＋低利润率

第二类："幼虎"＝慢发展＋高利润率

第三类："兔女郎"＝快发展＋低利润率

第四类："性感女郎"＝快发展＋高利润率

14 企业规划

概念

企业每前进一步，CEO都要深思熟虑，做好企业规划。

要点

1）主要规划即企业的战略规划，决定企业的工作流程。

2）制定规章制度和企业规划，确定企业模式。

3）针对人力资源、财务和市场部等部门做规划。

4）制订完计划后，先将计划分为不同种类，再据此分配工作，并将其落在实处。

5）企业高层应计划大型项目。

6）中间管理层应计划中间级项目。

7）部门主管应计划其部门负责的主要项目。

8）销售部应制定销售策略。

9）生产部应负责生产系统的策划。

10）市场部应负责策划营销项目。

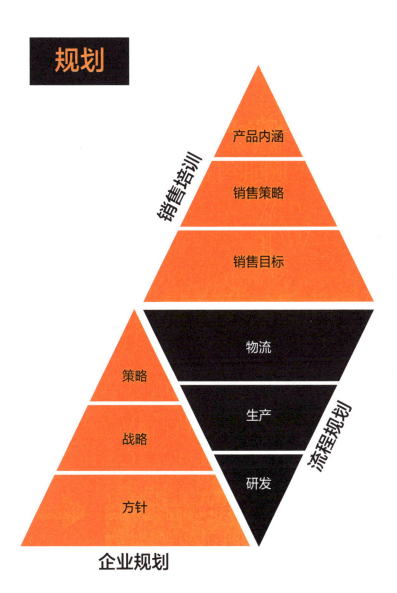

规划

产品内涵

销售策略

销售目标

销售培训

物流

生产

研发

流程规划

策略

战略

方针

企业规划

战略规划
常由企业的高级管理层制定

战略规划

企业规划

各业务部门的规划

高级管理层		制订企业战略
中级管理层	→	制订企业规划
初级管理层	→	规划具体工作

高级管理层

中级管理层

初级管理层

企业

战略性规划

公司战略

在一家企业中，董事长（及其他董事）、CEO和总经理负责制定战略，并决定企业的发展方向。比如，他们负责决定是走一体化拓展路线还是多元化拓展路线；决定是为提升效率而拓宽产品种类，还是制造新产品。

经营战略

一家企业中的副总经理、首席运营官（COO）、首席信息官（CIO）、首席营销官（CMO）或首席技术官（CTO）则负责选择合适的竞争策略，如低成本领先战略或差异化战略。

运营策略

各级经理全权决定在实际运营中该应用何种技术策略。比如，厂长、生产经理、市场部经理或人力资源经理等就掌握着生产策略的相关决定权。

银行业

银行

公司战略	如果银行行长推出了新政策，要求增加银行收入，银行就要拓展其业务范围，比如增加保险业务。

经营战略	分管人寿保险的副行长推出了一项新政策，规定老年客户无须提供体检报告单就可入保。	分管财产保险的副行长推出了一项新政策，规定保险范围将涵盖洪水带来的财产损失。	分管事故保险的副行长推出了一项新政策，其名为"双倍意外险"。

运营策略	销售经理与市场部经理将客户分为两个部分，并据此一同制定策略。
	针对客户生日和新年庆祝活动，财务经理和人力资源经理联合推出了一项新促销活动。

航空业

航空公司

公司战略	董事会的方针是成为亚洲最好的航空公司。

经营战略	分管技术部的副总裁增设了一条从新加坡飞往伦敦的航线。	分管生产部的副总裁推出了一条新政策，即增加A-380型空中客车的数量。	分管服务部的副总裁正推行一项新政策，目的是改善航空公司服务。

运营策略	产品经理负责主管飞机的保养维修工作，确保每架飞机的机械状态良好。

饮料业

饮料

公司战略	公司总裁正推行一项新政策，要把饮料业务拓展到房地产行业。

经营战略	负责业务发展的副总裁启动了一个新项目，以增加利润。	负责资产管理的副总裁收购了一家大型百货公司。	负责酒店管理的副总裁收购了几家五星级酒店。

运营策略	这家百货公司的经理推行了一个策略，就是鼓励顾客开车来百货公司，从停车费中赚取利润。
	酒店经理在招待酒店住客的基础上，还通过在酒店举办培训会来增加利润。

15 营销成功理论

概念

　　要想企业在营销中取得成功，CEO就要根据市场需求分析本企业产品线的质量。

要点

　　1）CEO要想了解真相，就要跳出自己的主观性圈子，以客观的目光看待问题。

　　2）CEO要做客户调查，认真分析产品。调查对象中最好不要有同事或熟人，否则结果就会有偏差。

　　3）客户调查应着重关注公司的营销对顾客产生的影响。当顾客犹豫不决要不要购买产品时，公司营销是否对其产生了积极影响？

　　4）CEO要在了解产品的优点和相应的营销策略的基础上积极改进产品。

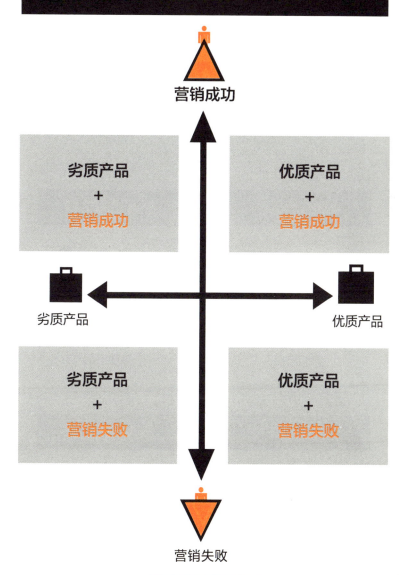

丹荣·皮昆提出的成功营销理论

营销成功

劣质产品
+
营销成功

优质产品
+
营销成功

劣质产品

优质产品

劣质产品
+
营销失败

优质产品
+
营销失败

营销失败

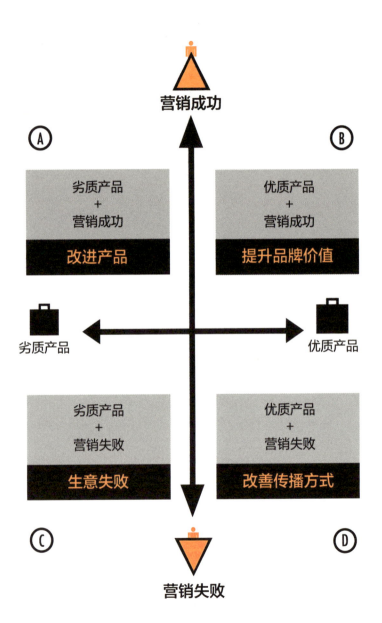

营销成功

Ⓐ
劣质产品
+
营销成功

改进产品

Ⓑ
优质产品
+
营销成功

提升品牌价值

劣质产品

优质产品

Ⓒ
劣质产品
+
营销失败

生意失败

Ⓓ
优质产品
+
营销失败

改善传播方式

营销失败

每天10分钟，从CEO视角学管理

劣质产品
+
营销成功

改进产品

　　劣质产品的营销做得再成功，顾客也只会购买一次。他们不会对此产品有很高的好感度，也不会做回头客。如此一来，打造品牌忠诚度就是天方夜谭了。

优质产品
+
营销成功

提升品牌价值

　　只有优质产品与成功的营销相得益彰，企业才会逐渐走向成功，企业所获得的利润也将不断增加。

　　劣质产品和糟糕的市场营销方式会使企业陷入困境，甚至面临倒闭。如果不尽快推陈出新，老客户也会逐渐流失。

　　许多产品逐渐淡出市场，是因为它们与客户建立的联系过于微弱，甚至根本没有建立联系。要让人们看到产品的价值和质量，产品才能在市场上生存。

劣质产品
+
营销失败

生意失败

优质产品
+
营销失败

改善传播方式

CEO

CEO不仅要知道如何做产品，

还要对营销了如指掌。

过去，在竞争激烈的市场中，

优质产品总能畅销，

而劣质产品的销路没有保障。

CEO

现在，市场竞争同样激烈，

但优质产品却不一定能够畅销。

这通常是因为客户不了解产品，或是企

业采取的营销方式未能使产品与客户建

立联系。

有些劣质产品反而可以非常畅销，这是

因为客户对产品十分了解，

或是企业采取的营销方式使产品与客户

成功地建立了联系。

16 产品线

概念

产品线是指企业生产的在使用、生产和营销上相互关联的一组产品。企业应扩展产品线，以争取更广阔的销售空间。

要点

1）不必增加投资，也可以在原有流水线基础上制造新产品。

2）产品种类增多后，客户就不容易对这一品牌感到厌烦，也就不大可能转向其他品牌了。

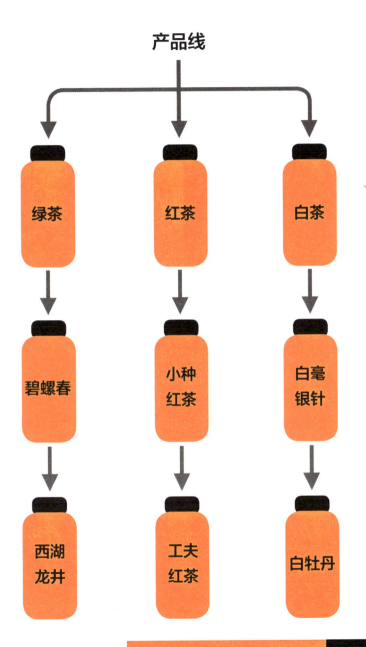

产品线

绿茶 → 碧螺春 → 西湖龙井

红茶 → 小种红茶 → 工夫红茶

白茶 → 白毫银针 → 白牡丹

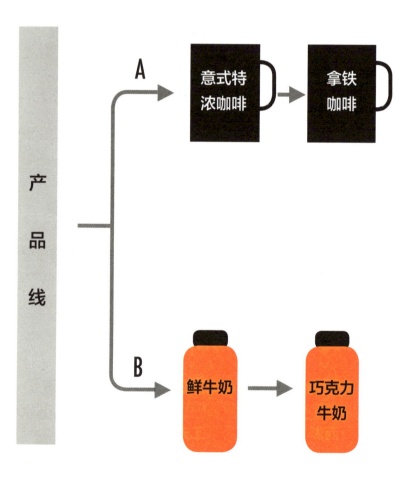

产品线

A

意式特浓咖啡 → 拿铁咖啡

B

鲜牛奶 → 巧克力牛奶

咖啡制品

卡布奇诺咖啡 → 摩卡咖啡 → 美式咖啡

乳制品

牛奶咖啡 → 低脂奶 → 维C奶

CEO

CEO应知道如何在现有生产线的基础上制造新产品。

在一条洗发水生产线上，同一批工人可以利用原有的机器制造出新产品，如滋养洗发水、去屑洗发水、强韧洗发水等。

品牌流行之后，不仅会增加顾客数量，也会增加竞争对手的数量。因此，只有产品变得与众不同，它才能成为顾客的首选。

CEO

企业应不断地改进产品。

最开始，泰国方便面只有几种口味：

猪肉味、冬阴功味（Tom yum或者Tom yam，是泰国和老挝的一道富有特色的酸辣口味汤品）和椰奶冬阴功味。

那时，这三种口味占据了泰国方便面市场85%的市场份额。

但后来，方便面生产企业为防止其他企业生产的新口味方便面进入市场后大卖特卖，从而抢走原本属于自己的市场份额，便开始不断改进本企业的产品。

现在，泰国方便面的口味正在逐渐变多：

有绿咖喱鸡肉味、马沙文咖喱味、红咖喱烤鸭味和海鲜味。

17　组织结构

概念

　　组织结构是指企业内部的构成方式，其便于企业负责人对企业进行管理和企业各项工作的分工。

要点

优势

　　1）好的组织结构可以简化企业管理。

　　2）分工可以让员工各司其职，使他们对工作更负责。

　　3）企业对员工的管理会变得更容易。

　　4）不同部门之间可以协同合作，共同推动企业运转。

劣势

　　1）程序复杂，导致管理进程缓慢。

　　2）分工不清会造成重复劳动。

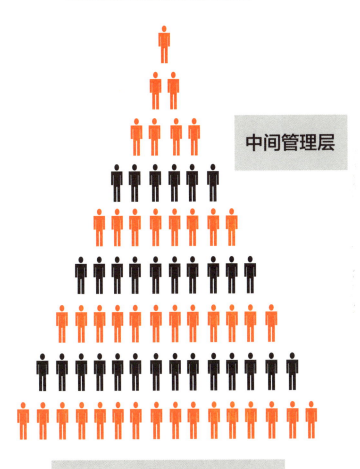

高级管理层

中间管理层

管理层级

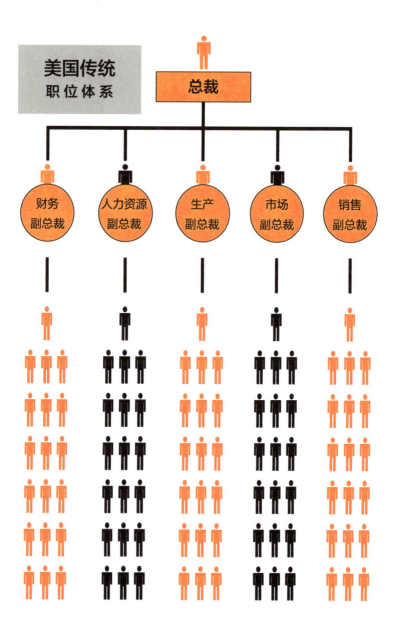

美国传统
职位体系

总裁

财务
副总裁

人力资源
副总裁

生产
副总裁

市场
副总裁

销售
副总裁

每天10分钟，从CEO视角学管理

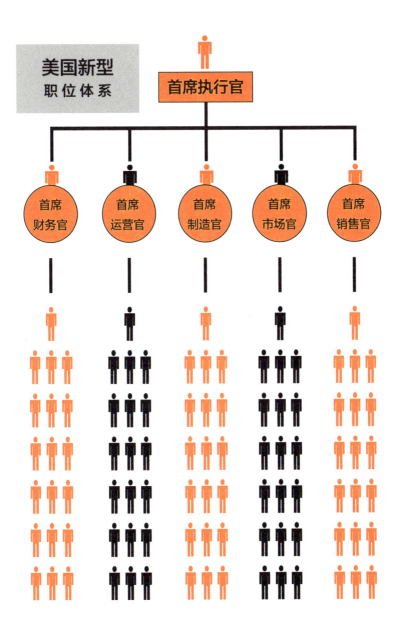

美国新型
职位体系

首席执行官

首席
财务官

首席
运营官

首席
制造官

首席
市场官

首席
销售官

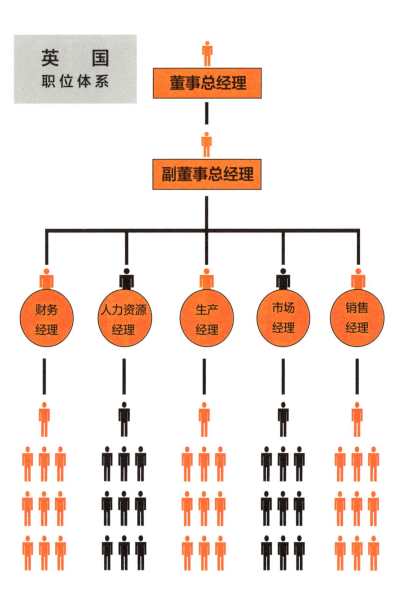

英 国
职位体系

董事总经理

副董事总经理

财务经理

人力资源经理

生产经理

市场经理

销售经理

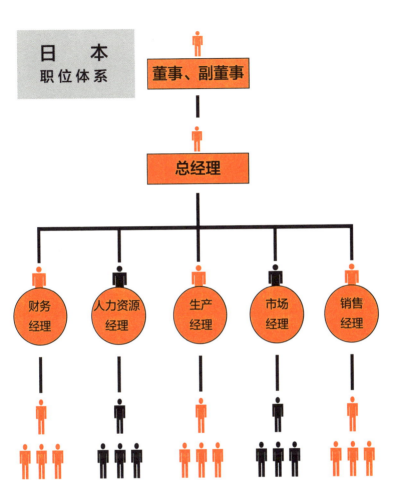

日　本
职位体系

董事、副董事

总经理

财务
经理

人力资源
经理

生产
经理

市场
经理

销售
经理

企业战略

CEO

CEO须知如何管理企业组织结构。

企业组织结构即权力划分和企业内部
职位划分。在许多企业中，
职位划分不清就会导致误解的发生。

最低要求

企业也不是一定要有非常明确的职位
划分，但职位划分不清一定是错误的
出发点。

CEO

CEO须知的一些管理方法：
1）如何做规划。
2）如何管理企业组织结构。
3）如何起引领作用。
4）在一些特殊组织中，如何做到"掌控"。

有些领导者在世界上赫赫有名，

但他们若无法正确衡量工作量，并将其合理分配给员工，也就无法做好管理。

如果计划明确而管理不善，工作安排就会模糊不清难以操控，从而落个惨淡收场的下场。

18 矩阵式组织

概念

矩阵式组织是指在一个机构之机能式组织形态下，为某种特别任务，另外成立专案小组，此专案小组与原组织配合，在型态上有行列交叉之式的组织形式（译者注）。矩阵式组织可使企业员工协同工作，真正做到人尽其才。

要点

1）每位员工都可以销售不同种类的产品。

2）每位员工都可以做各种类型的营销。

3）一次性为多个产品做营销。

4）与人接触，收获良多。

5）一个员工可以针对多个产品做营销，所以看似复杂的矩阵式组织可以有效减少重复雇员，从而节省企业的薪金支出。

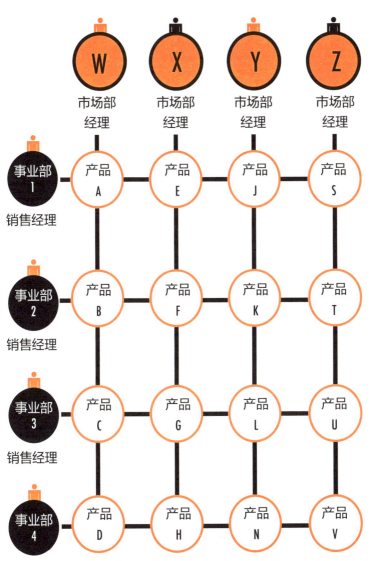

W 市场部经理
X 市场部经理
Y 市场部经理
Z 市场部经理

事业部1 销售经理
事业部2 销售经理
事业部3 销售经理
事业部4 销售经理

产品A 产品E 产品J 产品S
产品B 产品F 产品K 产品T
产品C 产品G 产品L 产品U
产品D 产品H 产品N 产品V

19 业务拓展

概念

企业可通过拓展业务来增加营业额和利润。

要点

拓展业务有以下两种方式：

1）后向一体化（即减少资本投入）。

2）前向一体化（拓展业务以增加营业额）。

实现业务多样化有以下三种方式：

1）横向多元化经营战略（老客户+新产品）。

2）同心多元化经营战略（新客户+新产品），利用核心竞争力。

3）集团多元化经营战略（新客户+新产品），利用资本投资。

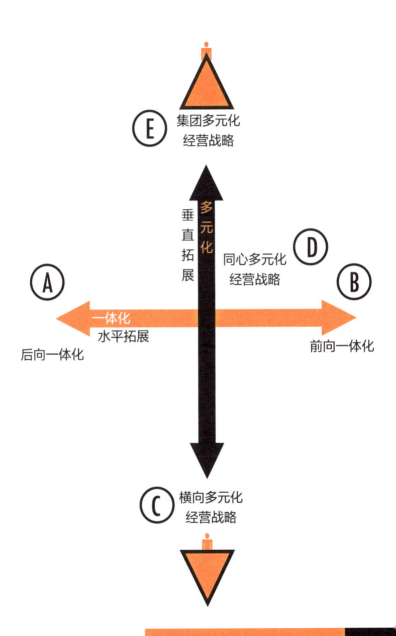

E 集团多元化
经营战略

垂直拓展

多元化

同心多元化
经营战略 D

A 一体化 B
水平拓展

后向一体化 前向一体化

C 横向多元化
经营战略

一体化

水平拓展

后向
一体化

前向
一体化

后向
一体化

　　包袋和皮革生产商想在降低产品成本的同时保证皮革的质量，所以他们自己开设了一家制革厂。此外，他们还收购了一家塑料厂来生产行李部件。

前向
一体化

　　某音响生产商生产音响的成本和其他花费都很高，但由于其经销商能力不足，产品所赚的利润较低。所以，该生产商决定拓展业务变成自己产品的销售商。

多元化

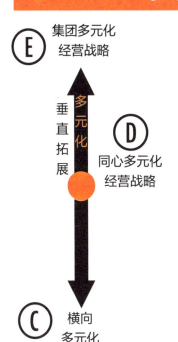

E 集团多元化
经营战略

多元化

垂直拓展

D 同心多元化
经营战略

C 横向
多元化

D 同心多元化 经营战略

新客户+新产品
（利用核心竞争力）

目前，人们从网上可以免费下载MP3格式的音乐。所以唱片公司要想将生产线所创造的利润最大化，就要另寻他法，例如开设歌唱和舞蹈课程。

E 集团多元化 经营战略

新客户+新产品
（利用资本投资）

某剧院老板开始投资房地产生意。如果他在泰国曼谷市中心投资建造一套公寓，就能从中赚取更多利润，并吸引新客户。

C 横向 多元化

老客户+新产品

电视制片商的利润来源主要有两种途径：电视观众的收视率以及出版名人杂志（主要购买者为忠实观众）。此外，他们还会借电台节目和有线电视节目来吸引新客户。

20 策略

概念

各部门为完成微观规划所实施的策略。

要点

1）销售部：增加营业额的策略。

2）市场部：塑造产品形象的策略。

3）财务部：管理财务决策、计划的策略。

4）会计部：制作财务汇总报表的策略。

5）人力资源部：提高员工能力的策略。

6）研发部：产品研发策略。

7）生产部：提高生产效率的策略。

8）物流部门：利用条形码管理库存的策略。

企业中

每个个体都会应用到的策略

战略规划

企业规划

各业务部门的规划

如果各部门都能善用策略，
那么企业就能更快地实现其目标。

高级管理层

中级管理层

初级管理层

企业的每一个部分

销售	研发	财务	物流	促销
营销	生产	会计	人力资源	拓展

CEO

CEO必须对战略规划十分了解。

战略规划引导战略方向

当企业处于稳定状态时，它的产品、专业化程度、团队合作和科学技术都会优于竞争对手。

是时候制订周密而全面的计划了，也是时候制定战略规划，从而使企业在竞争中脱颖而出。

CEO

有些企业没落的原因正是他们无法应顾客
需求之变而变。

消费者不再购买他们的产品，
所以这些企业就慢慢消失了。

技术产品

电脑和手机一类技术产品的更新换代很
快，因此，
停下开发新产品脚步的企业终将会被淘汰
出局。

竞争

企业集群 ···· 标准化

核心竞争力 ···· 竞争优势

低成本策略 ···· 未来能力

21 企业集群

概念

企业集群是指集中于一定区域内特定产业的众多具有分工协作关系的不同规模的企业，以及与其发展相关的各种机构、组织等，通过纵横交错的网络关系而紧密联系在一起的空间经济集体。每个行业都与国家息息相关。

要点

1）每个企业都有自己的模式（即商业模式）。

2）如果将其模式按种类划分，就能分析并看到它的独特性。

3）例如，原料选择、生产方法、经销商的筛选方式、销售和营销方法，每个企业在这些部分上都有其独一无二的特色。

珠宝业

计算机软件产业

食品产业

汽车业

家具产业

酒店业

计算机硬件产业

玩具产业

服装产业

金融业

22 标准化

概念

此处所讲标准化是指对所有企业一视同仁的国际标准。

要点

对于大多数企业来说，国际标准只是用来遵守的规则。但有些企业却能充分利用国际标准，使之成为其优势或核心竞争力。例如，麦当劳在世界各地都有分店，其食物的味道和服务都达到了国际化水平。无论你去哪家麦当劳，其售卖的食物味道都非常相似，而且不用排队太久。

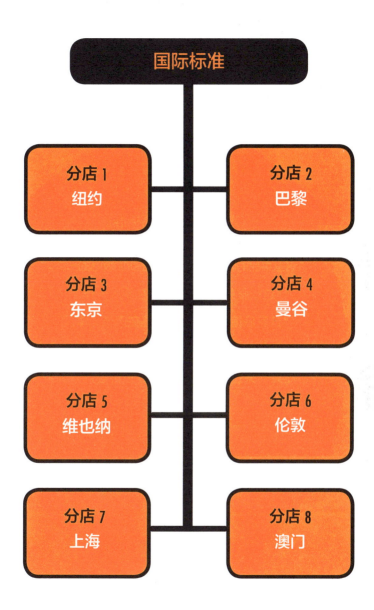

CEO

CEO须知何为高标准。

"这家菜品的味道很好，就与在新加坡吃的一样。"

"这家服务很好，就像待在泰国一样。"

"这家旅馆很干净，就像住在巴黎一样。"

"虽然年代较久，但房间的装潢却是崭新的。"

"如果你来这里旅游，一定要去尝尝这家海鲜

餐厅。"

高标准就是，顾客每次光顾都能有好印象。

但是，企业一直维持高标准是不够的，

还要在此基础上做得更好。

CEO

CEO须知何为低标准。

"这里的食物有失水准。"

"这里的服务不如泰国。"

"这家旅馆不像巴黎那么干净。"

"为什么这间房间这么脏?"

"如果你来这里旅游,千万别去这家海鲜餐厅,

那里的食物又贵又难吃。"

低标准就是,

每位光顾的顾客都会满腹抱怨,

此时企业就要赶紧改进提升了。

23 核心竞争力

概念

企业凭借核心竞争力在商战中获胜。

要点

有些企业善于利用自己的长处，并不断提升长处以战胜竞争对手。例如，某研发部门利用自己优秀的内部管理体系或销售体系，从而获得了成功。

开在泰国以外的泰式餐厅可以通过使用原汁原味的食材、新鲜的原材料和正宗的烹调方法，保持自己的品牌优势和传统口味。如果能保持其优势，那么即为卖点。

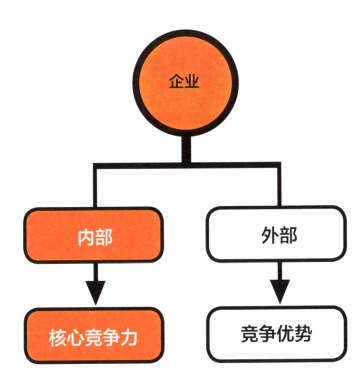

企业

内部　　　　　　外部

核心竞争力　　　　竞争优势

　　一位健康强壮的人，或者一家悉心培育的企业，都拥有核心竞争力。

24 竞争优势

概念

企业可以利用策略发掘新的竞争优势。

要点

策略包括营销策略、广告策略、分销策略、售后策略、客户关系策略等。

竞争优势即企业通过创新击败竞争对手。例如，某杂志举办的幸运抽奖促销活动，中奖者可以获得与名人一同出国旅游的机会。但这只是一时之策，只能在短时间内助你取胜。因为一旦竞争对手也开始效仿此法，竞争优势就会因为差别的消弭而不复存在。

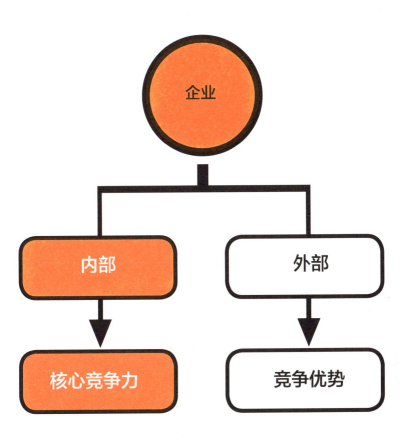

企业

内部

外部

核心竞争力

竞争优势

　　企业应发掘新潜力，从而打败更超前或更庞大的竞争对手。

CEO

CEO必须对核心竞争力了如指掌
（即内在长处）

强大的管理体系可以是企业的内部力量。

能开发先进产品的研发部门，
可以成为企业的内部力量。

强大的营销管理系统可以成为企业的内部力量。

卓越的人力资源系统也可以成为
企业的内部力量。

CEO

CEO必须对"竞争优势"了如指掌，
并打造出卖点。

优于竞争对手的服务是可被发掘的卖点。

强于竞争对手的营销能力是可带来盈利的卖点。

远强于竞争对手的产品是可被打造的卖点。

CEO

CEO必须对核心竞争力了如指掌
（即内在长处）

每个企业都能提升自己的内部力量，

这些力量可以是系统、产品或服务。

更强大＝更好

CEO

CEO必须对"竞争优势"了如指掌，

竞争中的加分点可以促进产品大卖。

竞争优势为：人无我有，人有我优。

25 低成本策略

概念

低成本策略是指以低生产成本和低售价的方式生产商品。企业可通过降低生产总成本来打败对手。

要点

1）企业要尽可能降低产品成本。

2）企业要尽可能降低办公开销。

3）企业要尽可能降低市场营销花费。

4）企业要尽可能降低销售费用。

5）总而言之，所有花费都越少越好。

6）综合以上因素，企业就能降低产品的销售价格。

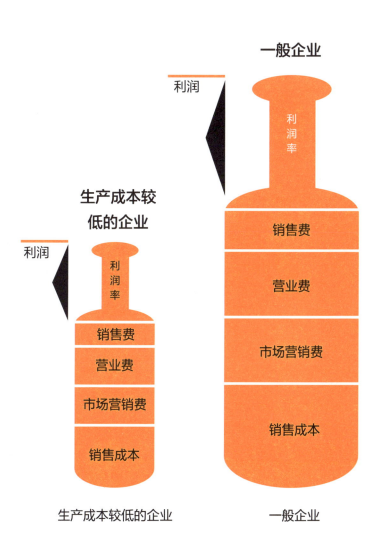

一般企业

利润

利润率

销售费

营业费

市场营销费

销售成本

生产成本较低的企业

利润

利润率

销售费

营业费

市场营销费

销售成本

生产成本较低的企业

一般企业

低成本

但不是

坏形象

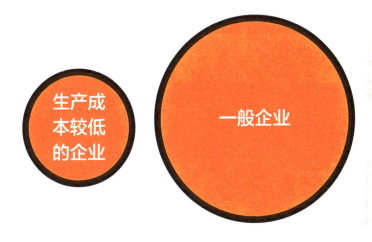

生产成本较低的企业

一般企业

利润相同，售价更低　　　　利润相同，售价却更高

26 未来能力

概念

　　未来能力指未来竞争的着力点。企业只有通过发展未来能力，才能决胜未来。

要点

　　1）了解客户需求。

　　2）找到市场趋势。

　　3）增强现有竞争优势。

　　4）打造新优势。

　　5）制定新战略。

　　6）创造未来能力（发掘新竞争潜力）。

1

了解客户
需求

2

找到市场
趋势

3

增强现有
竞争优势

4

打造新优势

5

制定新战略

6

创造未来能力

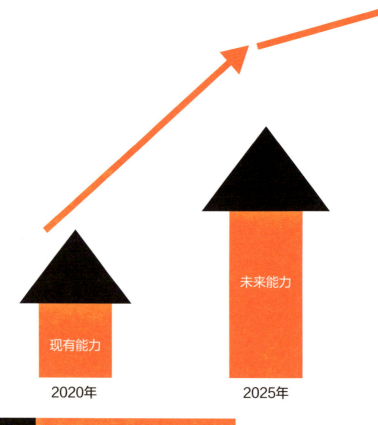

现有能力

未来能力

2020年

2025年

每天10分钟，从CEO视角学管理

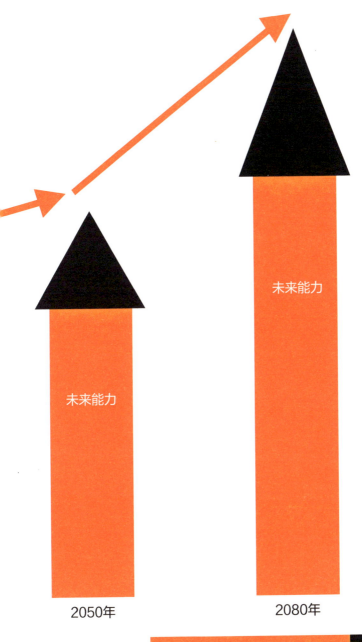

未来能力

2050年

未来能力

2080年

价值
创造

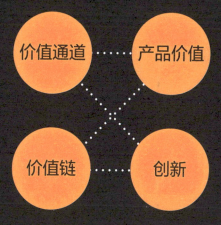

价值通道 ...... 产品价值

价值链 ...... 创新

27 价值通道

概念

价值通道是指各部门都需在企业的价值创造过程中发挥作用。

要点

企业可以通过提高职工的工作专注度来增加其产品和服务的价值。

各部门协助开发产品，并检验产品。

如果大家都能各司其职，对企业来说就是最好的结果。打造价值通道，合作并创造高价值的产品和服务。

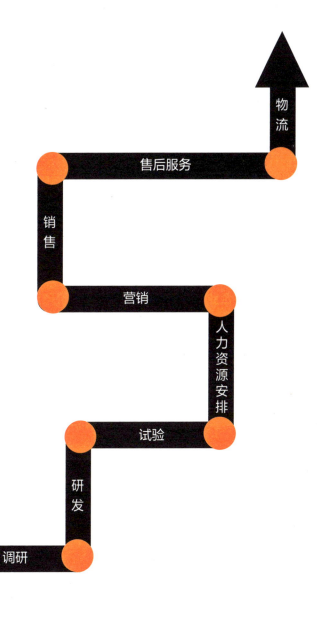

物流

售后服务

销售

营销

人力资源安排

试验

研发

调研

CEO

CEO必须对

企业中的价值通道

了如指掌。

将企业中每一段充满创造性的价值通道接通，就能增加产品和服务价值，从而获得成功。

在走向成功的道路上，每个部门自始至终都会参与其中。首先要从选好材料入手，规范生产用料，生产优质产品。其次在销售环节中，市场部要恪尽职守，销售部也要充分利用待售产品的优势增加销量。

CEO

将创意性价值通道接通。

销售部负责销售产品；物流部则负责将产品精心包装，交付给顾客。

不同部门间的相互合作构成了这些过程，如此才能向顾客提供最优质的产品。

28 产品价值

概念

产品价值是由产品的功能、特性、品质、品种与式样等所产生的价值。它是顾客需要的中心内容，也是顾客选购产品的首要因素。企业应提高产品价值，让顾客感到更满意。

要点

1）提升产品价值。

2）举办营销活动，提升产品知名度。

3）营销活动越多，活动支出及产品的销售价格就越高。

4）产品销售价格越高，顾客花的钱就越多；花的钱越多，他们对产品的期望就越高。

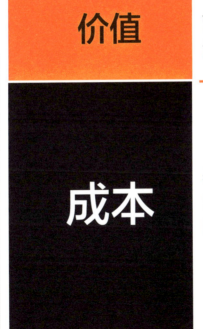

价值越高 = 利润越高

售价

价值

营销活动

成本

基本生产成本

顾客期待值

低价值

即低顾客期待值

价值

价值

成本

成本

高价值

即高顾客期待值

价值

价值

成本

成本

　　不管售价如何高低起伏，顾客的期待值总是较高的。但如果企业能让顾客相信某一产品的价值很高，那么顾客就会愿意以力所能及范围内的价格买下该产品，并保持对该产品的高期待值。

顾客
期待值
剩余

即产品效果高于顾客期待值

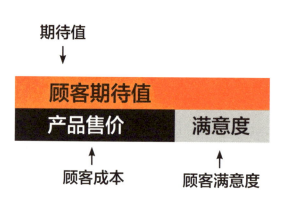

期待值

↓

顾客期待值	
产品售价	满意度

↑ 顾客成本   ↑ 顾客满意度

顾客期待值 － 产品售价 ＝ 顾客满意度

顾客满意度最高时

顾客期待值

产品售价	最高满意度

↑
这是顾客满意度最高的情况

顾客满意度较高时

顾客期待值

产品售价	较高满意度

↑
这是顾客满意度较高的情况

顾客感到满意时

顾客期待值

产品售价	满意

↑
这是顾客感到满意的情况

若顾客期待值等于产品售价，则说明顾客对产品和服务感到满意。

29 价值链

概念

　　企业要生存和发展，必须为企业的股东和其他利益集团包括员工、顾客、供货商以及所在地区和相关行业等创造价值。我们把企业创造价值的过程分解为一系列互不相同但又相互关联的经济活动，其总和即构成企业的"价值链"。企业可提升产品价值，让客户觉得物有所值。

要点

　　1）开发产品时，从做调查研究开始，即从头开始。
　　2）首先选出最好的原材料，然后再开始生产。
　　3）根据目标消费群体的品位，做最精心的设计。
　　4）从头到尾贯彻有序的系统管理。
　　5）依靠营销策略提升产品价值，并增强其可靠性。

若顾客期待值等于产品售价，则说明顾客对产品和服务感到满意。

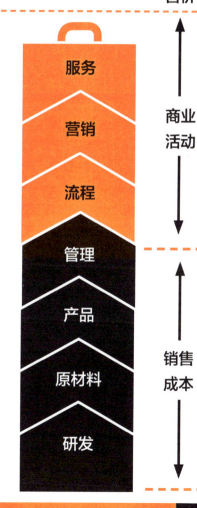

顾客期待值

售价

服务

营销

流程

管理

产品

原材料

研发

商业活动

销售成本

顾客
期待值
剩余

　　顾客的需求总是超出他们的期望，这是一条通理。

　　所有顾客都希望自己能享受到优质的产品、卓越的服务和令人满意的质量，而且他们的期望值是一直上升的。

　　生产商和分销商都应密切关注其产品。

　　生产商和分销商要确保产品处于最佳状态，完好无损地交到顾客手上。

　　生产商和分销商提供的服务，必须超越顾客的期望。

　　生产、交货和服务，一切必须是最优质的，一切也都须做好万全准备。

　　生产商和分销商应不遗余力地让顾客感到满意。

顾客
期待值
逆差

若用期待值减去产品售价，结果为正整数，

则代表顾客对产品感到满意，

或产品售价低于顾客预期，

即"顾客期待值剩余"。

若用顾客期待值减去产品售价，结果为负整数，

则说明顾客对产品不满意，即"顾客期待值逆差"。

顾客
期待值
逆差

即产品效果低于顾客期待值

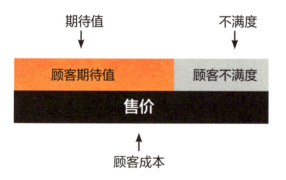

顾客期待值 − 售价 = 顾客满意度

高度不满

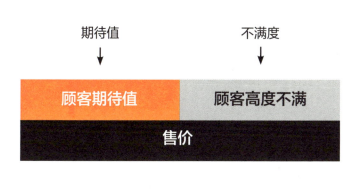

若顾客觉得物非所值，则说明他们对产品和服务感到不满意。

顾客
期待值
剩余

　　顾客期待值剩余越多，顾客就越有可能再次购买该产品。

　　如果某产品的顾客期待值剩余高于其竞争产品，那么"品牌转换"就有可能发生，即购买竞争产品的顾客转而变成该产品的忠实顾客。

顾客
期待值
逆差

如果产品或服务无法给顾客留下好印象，
他们可能就会转而使用其他品牌。
顾客的不满度越高，
他们就越有可能使用其他品牌的产品。

不能放过任何一个能给顾客留下好印象的机会。因
为一旦顾客开始使用并青睐其他品牌的产品，再想要赢
回他们的青睐，就并非易事了。

"顾客期待值逆差"，即产品不再能取悦顾客，或者
产品售价高于顾客预期。

此时需要创新。

30 创新

概念

　　创新是企业管理的一项重要内容，是决定公司发展方向、发展规模、发展速度的关键要素，同时创新也指企业新上市的产品或服务。世界终将是新产品和新发明的天下。

要点

　　1）调研：了解顾客需求。
　　2）研发：根据调研结果开发新产品。
　　3）推出：要让顾客了解新产品。
　　4）差异化营销：将数据输入市场。
　　5）销售团队相助：研究什么能成为该产品的卖点。

　　以苹果公司的产品iPod为例。这款产品是史蒂夫·乔布斯（Steve Jobs）打破惯性思维的产物，它能激发人们的想象力，为顾客带来惊喜。

在模仿者进入市场之前，创新者凭借其生产的智能设备牢牢占据着市场的主要份额。但模仿者和从众者加入市场后，产品价格就开始降低，导致销售量和利润下降。

iPod

iPod 是苹果公司的产品。它是一款便携式多功能数字多媒体播放器，许多歌曲和照片可以以数字格式储存在其海量的储存空间中。

iPhone

iPhone 是苹果公司的产品。苹果公司用触摸屏代替按键，改变了手机外观。这种革新设计让苹果公司成为手机行业中最高市场份额的占有者。

iPad

iPad 是苹果公司的产品。它不仅外形时髦，还有海量应用程序供用户使用。它的问世让苹果公司开创了平板电脑市场。iPad销量巨大，受到了世界各地消费者的追捧。苹果公司所有的目标消费群体中，都有人愿意花钱购买这一产品。

品牌战略

伞式品牌 ······ 自创品牌

31 伞式品牌

概念

伞式品牌是指同一企业的每个产品都从属于同一个品牌。

要点

有些企业为加深顾客对其产品的印象，会开设新品牌来配合推出新产品。

比如，同一公司生产的衣物柔顺剂和洗衣粉所标的牌子可能就不同。

而有些企业对自己的产品信心十足，不会采用这种办法。

它们生产的所有产品都归于同一个牌子之下，这样还节省了广告费。

因为如果想要推销十种产品，它们只需推广一个品牌，付一次广告费就行了。

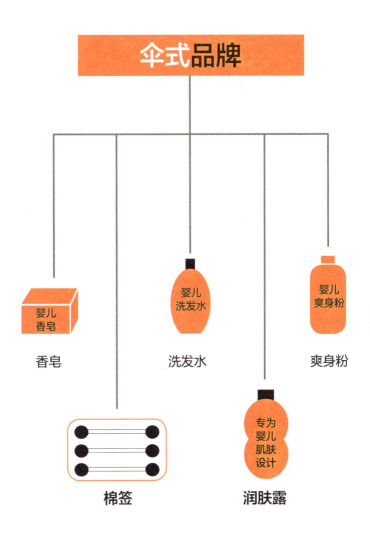

伞式品牌

婴儿
香皂

香皂

婴儿
洗发水

洗发水

婴儿
爽身粉

爽身粉

棉签

专为
婴儿
肌肤
设计

润肤露

伞式品牌

=

一个牌子
就能代表
该公司的
所有产品

伞式品牌指某一品牌下有多种产品，比如强生公司（Johnson & Johnson）的产品。

若某企业想采用伞式品牌战略，那么仅产品优质是不够的，还必须是翘楚。因为伞式品牌战略是一把双刃剑。

该战略的优点在于可以节省营销支出。如果该品牌的第一个产品赢得了顾客的信任，那么他们也会自然而然地信任该品牌的第二个产品（品牌忠诚度）。

但该战略的弊端在于顾客对品牌的信任不是必然的。只要该品牌下有一个产品存在问题，不仅这个产品卖不出去，该品牌下其他产品都可能卖不出去。如果此类情况发生，品牌就必须竭尽所能抹去它在顾客心中的负面形象。

32 自创品牌

概念

　　自创品牌即企业打造新品牌，一般而言，顾客会觉得企业的新品牌更便宜，但与其他品牌相比质量却是一样的。

要点

　　有些超市会将价格高低不同的产品混在一起摆放，顾客若光从外表看，有时无法分清这两个品牌之间究竟有何区别。

　　若品牌A生产的糖和品牌B生产的糖非常相似，这时生产规模大者得市场。

　　例如，特易购（Tesco）生产的糖、博姿（Boots）生产的维生素C、欧迪办公（Office Depot）生产的A4纸、7-11便利店（7-Eleven）制作的香肠等。

若零售企业开创了自己的品牌：

大米	特易购
纯净水	沃尔玛
软饮料	阿尔迪
蔬菜	尚泰百货
美妆	博姿
护肤水	屈臣氏
酱油	密西中心
食盐	万客隆
A4 纸	欧迪办公
香肠	7-11

战略性思维

创造性思维 分析思维

分散思维 系统思维

整体思维 战略性思维

33　创造性思维

概念

　　创造性思维指企业应打破常规思维，即想不同之法，行不同之事，以获得不同的结果。

要点

　　1）创意必须新且实用，更重要的是它必须是创造性的。

　　2）它必须不同于以前的创意。

　　3）它必须不同于竞争对手的想法且能够打造品牌忠诚度。

　　4）利用创新思维提升运营系统，更新营销传播方式与企业形象。

　　5）充分调动各部门的创新性团队合作。

在条框外思考

在条框内思考

34 分析思维

概念

分析思维指企业应着眼于每个角度，不漏细节，探寻事出之因。

要点

1）分析事件才能了解其背后的原因。
2）例如，某一季度的营业额为什么环比下降？
3）例如，为什么十月是员工辞职的高峰？
4）例如，为什么生产过程比平时晚一些？
5）例如，为什么黑色的产品会更畅销一些？
6）例如，为什么黄金价格比平时高？

分析思维

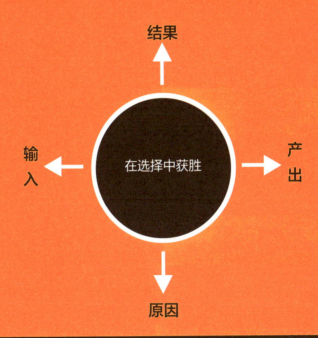

结果

在选择中获胜

输入 → 产出

原因

优质问题的提出是利用分析思维思考的重要前提。

如果CEO能提出优质问题并且能正确回答，就能找到事情的最佳解决方案。例如：事情是什么？它是在何时、何地，怎么发生的？

35 分散思维

概念

分散思维是指企业政策总会随着领导者的变动而改变，这不仅会让人摸不着头脑，还会模糊前进的方向。

要点

1）思维不同，行动不同，做事情的时机不同，结果就自然不同。

2）分散思维可能不合规矩。

3）分散思维也可能与公司的价值通道和价值链背道而驰。

4）分散思维是一时之策，并非长久之法。

5）分散思维无法将想法彻底贯彻下去，所以企业总在"重复劳动""重复付出"。企业转变发展方向时尤其如此，因为这样做会导致思维缺乏连续性。

此处以不同的前进方向为例

 首先提出的政策让大家向左走。

大家各自思考 + 各行其是 = 结果不一(缺乏连续性)

第二次政策的方向与此前的方向截然相反。

第三次政策的方向"另辟蹊径"。

 第四次政策的方向再次"另辟蹊径"。

大家想法不同、行为不同,其结果就是方向错误。

36 系统思维

概念

系统思维是原则性与灵活性相结合的基本思维方式。企业用系统思维提出新想法，才能将所有信息都转化为该企业的优势。

要点

1）第一步即投入原材料。

2）例如，生产家具需要用到木材、海绵、泡沫、聚酯材料、真皮、金属钉、胶水和其他原材料。

3）虽然不同原材料做出的成品都是家具，但是质量却因原材料不同而有所差别。

4）要关注产品使用者的反馈，比如家具是否出现胶水黏合不牢或钉子生锈等问题。接受反馈才能解决问题，改善产品。

5）保护环境、关爱人类。

影响:

1）质量。

2）生产力。

3）客户体验。

4）客户满意度。

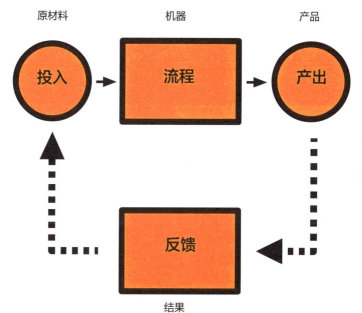

37 整体思维

概念

整体思维是指企业应把握所有部门的整体走向，而不是各自为营，各部门间必须互相合作。

要点

1）各个部门紧密相连。

2）企业各个部门都朝着同一个方向前进。

3）董事和高管们相互扶持。

4）运用整体思维的前提是，所有人都朝着同一个方向前进。

5）整体思维与分散思维是截然相反的。若某企业的领导者运用整体思维，他（或她）就能知道企业的整体前进方向是什么，也能知道企业内部的每个人都在朝着同一个方向前进着。

利润

价值创造

市场部门

销售
部门

CEO

研发
部门

生产部门

基础设施：支持系统

38 战略性思维

概念

1）超前思维，目光长远。
2）知己，了解企业的优劣势。
3）知彼，发现对手的弱点。
4）制定新规划，制胜竞争。

要点

　　若某企业已做到运用系统思维和整体思维解决问题，那么它就已具备与竞争对手一决高下的能力。该企业可以进一步学习战略性思维，从而依靠更巧妙的战略击败对手。

企业A

市场营销

销售　CEO　研发

生产

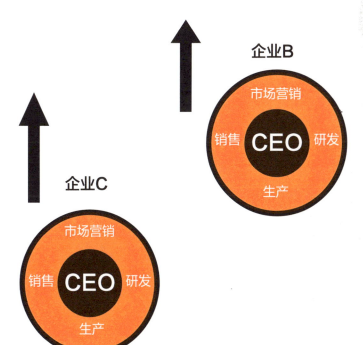

企业B

市场营销

销售　CEO　研发

生产

企业C

市场营销

销售　CEO　研发

生产

战略性思维

  从长远来看，企业要想在竞争中击败对手，运用战略性思维是至关重要的。尽管实施战略性思维并非易事，但是企业依然要具备运用战略性思维的能力。而且，战略性思维之益不在一时，而在于长远。

思维

　　若某企业仅用分散思维来看待问题，而不具备运用系统思维和整体思维的能力，那么它定会停滞不前。若某企业的领导者不具备运用战略性思维的能力，则企业必然无法在业界长久立足。

有些产品质量很好，并且能为公司带来额外收益，则无须对其做出改变。

数据和信息对企业而言至关重要，因为只要企业有老顾客的信息，就可以向他们推销新产品。

企业可以通过市场营销将信息传递给目标消费群体，如新店铺隆重开业和新产品上市。

发展

每个企业都想发展壮大，想让其产品销量同比增长。但只有小部分企业掌握了其行业内的制胜法宝，并达成了这一目标。

企业既要制订短期计划，也要做长远筹谋，这样才能促进员工间的协同合作。

新思路也会带来利润。有些员工提出的新思路可以有效增加销量或减少花费，他就会受到企业的褒奖。

入职培训对新员工的影响可谓是立竿见影。人人都有初出茅庐的时候，想必也都明白接受培训的重要性。

妙策

妙策可以带来更多的利润，而资本正是企业运营所需的资源。运作机器或让员工人尽其才时都需用到资本。为帮助企业渡过危机，许多员工不仅建言献策，还会提出创造性想法。

CEO Know + How by Damrong Pinkoon
Copyright © Damrong Pinkoon

The simplified Chinese translation rights arranged through Rightol Media
（本书中文简体版权经由锐拓传媒取得 Email:copyright@rightol.com）

北京市版权局著作权合同登记 图字：01-2020-4973。

图书在版编目（CIP）数据

每天 10 分钟，从 CEO 视角学管理 / (泰) 丹荣·皮昆著；万雅颂译 . —北京：中国科学技术出版社，2020.10

书名原文：CEO Know+How

ISBN 978-7-5046-8821-7

Ⅰ . ①每… Ⅱ . ①丹… ②万… Ⅲ . ①企业经营管理 Ⅳ . ① F272.3

中国版本图书馆 CIP 数据核字（2020）第 192255 号

策划编辑	田　睿	**责任编辑**	陈　洁
封面设计	马筱琨	**正文排版**	锋尚设计
责任校对	吕传新	**责任印制**	李晓霖

出　　版	中国科学技术出版社
发　　行	中国科学技术出版社有限公司发行部
地　　址	北京市海淀区中关村南大街 16 号
邮　　编	100081
发行电话	010-62173865
传　　真	010-62173081
网　　址	http://www.cspbooks.com.cn

开　　本	787mm×1092mm　1/32
字　　数	105 千字
印　　张	5.875
版　　次	2020 年 10 月第 1 版
印　　次	2020 年 10 月第 1 次印刷
印　　刷	北京盛通印刷股份有限公司
书　　号	ISBN 978-7-5046-8821-7/F·905
定　　价	59.00 元